小学校で習った言葉

さか上がりを英語(English)で言えますか？

名古屋市立大学特任教授
守 誠・著
（もり　まこと）

はじめに
「小学校で習う言葉」を英語にしてみる"大"冒険

　何があっても変わらない小さな信念が、私にはあります。
「小学校で習ったこと」を自分の教養の柱に置けば、大人になっても日常生活で、8割から9割方の用は足せると思っていることです。この信念のもとに私は、大学や大学院で、通商政策や知的財産権の講義を＜できるだけ平易な言葉＞を使って長年やってきました。

　外国の大学や大学院でも頼まれれば英語で、即興の講義や講演をしています。

　最近ではシンガポール大学や中国の浙江(せっこう)大学の学生さんを前に「出前授業」をやってきました。その際、私はできるだけやさしい表現で、自分の伝えたいことを話すように心がけました。

　一方で私は、幼児用の様々な「あいうえお」の本や小学1年生で習う漢字80字を使った簡単な文章からなる幼児本も出してきました。同じく幼児向けのABCの本や簡単な英文ののった本も書きました。

私の根底にあるキー・ワードは、「小学校で習う」です。

　この私の考え方の延長線上でいま考えているのは、「小学校で習った言葉」を英語にしてみたい大人のための"大"冒険です。
　簡単なものはすぐ英語に直すことができるでしょう。でも多くは一見やさしそうに見えて、実際にはなかなか英語にできない曲(くせ)ものがかなりありそうです。
　実は、その戸惑いの中に英語の面白さ、楽しさが秘められているように思われます。
　小学生が覚える日本語ぐらい、英語で簡単に言えるだろうと高をくくっていたところ、おっとどっこい英語での適切な表現を探し出せず、困惑することだって十分あり得るでしょう。
　そんなときのストレス解消法は、答えをちらっーと先に眺めて、なるほどそういう表現を使うのかと頷(うなず)いて見せることです。
　遊び感覚で、でも、ときにはちょっぴり真面目に挑戦してみてください。

2012年6月
守(もり) 誠(まこと)

小学校で習った言葉

さか上がりを英語（English）で言えますか？

目　次

はじめに ……………………………………………… 2

学校生活のいろいろ　　9

|休み時間| あの生きもの、なんて言う? ……………19

一時間目　国語　　23

|休み時間| あの名作、なんて題? ………………………39

二時間目　算数 　41

休み時間 この数、なんて読む?……………57

三時間目　理科 　59

休み時間 体のパーツ、なんて言う?……………85

四時間目　社会 　89

休み時間 あのできごと、なんて言う?……………117

課外活動　もちもの検査 　119

休み時間 その言葉、日本語? 英語?……………125

五時間目　図画工作 　127

休み時間 あのことわざ、なんて言う?……………135

六時間目 体育　　　137

休み時間 野球の言葉、なんて言う?……149

給食 和の食べもの　　　151

休み時間 あの食べもの、なんて言う?……159

七時間目 音楽　　　165

休み時間 あの生きもの、なんて鳴く?……173

課外活動 和のくらし　　　175

休み時間 あの省庁、なんて言う?……185

八時間目 家庭科　　　187

休み時間 あの植物、なんて言う?……199

帰りの会 学校にあるものいろいろ 201

休み時間 あの仕事、なんて言う? ……………… 209

下校 通学路で出会ういろいろ 213

休み時間 日本の地図にあるもの、なんて言う? …… 223

下校後 日常生活のいろいろ 227

休み時間 あなたの星座、なんて言う? …………… 235

あとがき ……………………………………… 236

さか上がりを英語で言えますか?

学校生活の
いろいろ

学校生活のいろいろ

登校する	礼！（号令）
下校する	着席！（号令）
早退する	自習する
遅刻する	休み時間
時間割	宿題
朝礼	復習
授業	予習
起立！（号令）	補習

go to school come to school とも。	**Bow !**
come home from school	**Sit down !**
leave school early	**study by oneself**
be late for school	**recess** break とも。
(class) schedule timetable とも。	**homework** assignment とも。
morning assembly	**review** revision とも。
class lesson とも。	**preparation(s)**
Stand up !	**supplementary lesson**

学校生活のいろいろ

教頭	書記
校長	日直
担任	議長
養護教諭	賛成
学級委員	多数決
生徒会長	反対
掃除当番	意見
給食当番	挙手

vice-principal deputy headteacher とも。	**clerk**
principal headteacher とも。	**day duty**
homeroom teacher	**chairperson**
school nurse	**approval** agreement, support とも。
class representative	**majority rule**
president the president of a student council とも。	**objection** opposition とも。
one's turn to clean the room	**opinion** view, comment とも。
one's turn to serve school lunches	**a show of hands**

学校生活のいろいろ

遠足	臨海学校
運動会	修学旅行
身体測定	始業式
入学式	終業式
卒業式	送別会
健康診断	授業参観
避難訓練	開校記念日
林間学校	プール開き

excursion outing とも。	**seaside (summer) school**
field day sports day, athletic meet とも。	**school trip**
body measurement anthropometry とも。	**opening ceremony**
entrance ceremony	**closing ceremony**
graduation ceremony commencement とも。	**farewell party**
health checkup	**parents' day** open house とも。
evacuation drill disaster drill とも。	**the anniversary of the opening of a school**
open-air (summer) school	**the opening of a pool**

学校生活のいろいろ

食パン	祝日
コッペパン	振替休日
給食	連休
三角巾	居眠り
配ぜん	忘れもの
夏休み	通信簿
春休み	○×テスト
冬休み	土足禁止

bread	national holiday
(bread) roll	substitute holiday
school lunch	successive holidays holidays in a row とも。
triangle scarf for catering	doze snooze, nap とも。
table setting	thing left behind something forgotten とも。
summer vacation summer holidays とも。	report card school report とも。
spring vacation spring holidays とも。	true-false test
winter vacation	Shoes Off.

学校にいる生きもの

おたまじゃくし	tadpole
めだか	killifish Japanese killifish, medaka とも。
金魚	goldfish
ふな	crucian crucian carp とも。
鶏	chicken hen(雌鳥), rooster(雄鳥), cock(雄鳥) とも。
カブトムシ	beetle
クワガタ	stag beetle
あり	ant
ダンゴムシ	pill bug
ミミズ	earthworm angleworm(「釣りのえさになるもの」の意味) とも。
モンシロチョウ	cabbage butterfly
アゲハチョウ	swallowtail
鈴虫	"bell-ringing" cricket bell cricket とも。
セミ	cicada

休み時間　あの生きもの、なんて言う?

休み時間 あの生きもの、なんて言う？

通学路で見かける生きもの

とんぼ	dragonfly
かまきり	mantis praying mantis とも。
バッタ	grasshopper
クモ	spider
トカゲ	lizard
イモリ	newt
ヤモリ	gecko
蚊	mosquito
てんとうむし	ladybug
すずめ	sparrow
カラス	crow
牛	cattle cow（雌牛），ox（去勢雄牛），bull（去勢していない雄牛）とも。
豚	pig hog（成長した食用豚），sow（成長した雌豚）とも。
たぬき	raccoon dog

図鑑にのっている生きもの

猿	monkey
鹿	deer
いのしし	wild boar
馬	horse
やぎ	goat
ろば	donkey
きつね	fox vixen（雌ギツネ），cub（子ギツネ）とも。
イタチ	weasel
りす	squirrel
もぐら	mole
鶴	crane
あらいぐま	raccoon racoon とも。
こうもり	bat
海亀	(sea) turtle

休み時間　あの生きもの、なんて言う？

休み時間　あの生きもの、なんて言う？

図鑑にのっている生きもの

アザラシ	seal
オットセイ	fur seal
アシカ	sea lion トドもsea lion。
白熊	polar bear white bear とも。
マントヒヒ	hamadryas baboon
ナマケモノ	sloth
ヒョウ	leopard panther とも。
カバ	hippopotamus hippo とも。
サイ	rhinoceros 口語的に rhino とも。
きりん	giraffe
しまうま	zebra
バク	tapir
ワシ	eagle
タカ	hawk falcon とも。

さか上がりを英語で言えますか？

一時間目
国語

一時間目 国語

漢字	ひらがな
音読み	かたかな
訓読み	横書き
(漢字の)画	縦書き
書き順	象形文字
部首	清音
漢数字	濁音
五十音	半濁音

kanji Chinese character とも。	hiragana the Japanese cursive syllabary とも。
the Chinese-style reading of a kanji	katakana
the Japanese-style reading of a kanji	horizontal writing
stroke	vertical writing
stroke order	hieroglyphic pictograph とも。
radical of a kanji	voiceless sound
Chinese numeral	voiced sound
the Japanese (kana) syllabary	p-sound in Japanese

敬語	方言
外来語	記号
謙譲語	単語
主語	慣用句
述語	(たいこが)どんどん
修飾語	(雷が)ごろごろ
熟語	がやがや
ことわざ	くすくす

一時間目　国語

honorific honorific word とも。	**dialect**
loanword loan, denizen とも。	**symbol** sign, mark, code とも。
modest word	**word** vocabulary とも。
subject	**idiom**
predicate	**rub-a-dub** bang とも。
modifier	**rumbling** thundering とも。
idiom set phrase, a set of kanji とも。	**humming**
saying proverb, maxim とも。	**chuckling**

一時間目 国語

げらげら	ぬるぬる
いらいら	ねばねば
どきどき	ぴかぴか
むかむか	でこぼこ
わくわく	じわじわ
(手ざわりが)さらさら	ほかほか
ざらざら	(煙が)もくもく
つるつる	(気分が)すっきり

guffawing	**slippery** greasy とも。
irritating irritant, annoying, offensive とも。	**sticky**
beating pounding, fluttering, thumping とも。	**shiny** glittering とも。
revolting queasy とも。	**rough** bumpy, rugged, uneven とも。
exciting thrilling とも。	**slowly and gradually**
smooth and soft	**warmly and comfortably**
rough grained とも。	**silently and massively**
smooth	**clear and refreshing**

一時間目 国語

表紙	黙読する
裏表紙	さし絵
背表紙	国語辞典
目次	漢字辞典
題	百科事典
(小説の)あらすじ	索引
登場人物	図鑑
朗読	物語

front cover	read silently (to oneself)
back cover	illustration
spine	Japanese dictionary
Contents	Kanji dictionary
title	encyclopedia
plot	index
character	illustrated book picture book とも。
reading	story

一時間目　国語

伝記	古文・古典
詩	作者（著者）
昔話	詩人
日記	短歌
童話	上の句
民話	下の句
（長編）小説	俳句
詩集	季語

biography life とも（書名などの場合）。	**Japanese classics**
poem poetry（集合的に），verse とも。	**author** writer（筆者），novelist（小説家）とも。
old story old tale とも。	**poet**
diary	**tanka** tanka poem とも。
fairy tale（おとぎ話） children's story（子供向けの話）とも。	**the first part of a poem or verse**
folk tale	**the last part of a poem or verse**
novel short story（短編），novella（中編），story（物語），fiction（つくり話）とも。	**haiku** haiku poem とも。
a collection of poems a book of poems とも。	**season word**

一時間目　国語

作文	下書き
読書感想文	( )かっこ
絵日記	「」かぎかっこ
原稿用紙	・中点
文章	地の文
段落	会話文
、読点	箇条書き
。句点	引用

composition	draft
book report	parentheses 単数形は parenthesis。
picture diary illustrated diary とも。	(Japanese) quotation marks
manuscript paper	the midpoint
sentence	narrative part
paragraph	dialog
comma	itemized form
period full stop とも。	quotation citation, excerpt, extract, quote とも。

資料	はがき
図	硯（すずり）
表	筆
グラフ	小筆
報告書	半紙
通信文	文鎮
便せん	墨汁
封筒	（習字の）手本

data material(s) とも。	**postcard** card とも。
diagram figure, chart, graph とも。	**inkstone**
list table, schedule とも。	**writing brush**
graph chart とも。	**small writing brush**
report	**Japanese paper for calligraphy**
correspondence	**paperweight**
letter paper	**India ink** Chinese inkとも。 固形の墨はink stick。
envelope	**copybook** pattern, example, mirror とも。

書籍のタイトル

吾輩は猫である
I am a Cat.

源氏物語
The Tale of Genji

徒然草
Essays in Idleness

砂の器
Inspector Imanishi investigates

舞姫
The Dancing Girl

蜘蛛の糸
The Spider's Thread

金閣寺
The Temple of the Golden Pavilion

銀河鉄道の夜
Night on the Galactic Road

休み時間　あの名作、なんて題?

休み時間 あの名作、なんて題？

書籍のタイトル

放浪記
Diary of a Vagabond

破戒
The Broken Commandment

点と線
Points and Lines

不毛地帯
The Barren Zone

風の歌を聴け
Hear the Wind Sing

限りなく透明に近いブルー
Almost Transparent Blue

博士の愛した数式
The Housekeeper and the Professor

サラダ記念日
Salad Memorial Day　　　　　　　　　Salad Anniversary とも。

さか上がりを英語で言えますか?

二時間目
算数

二時間目　算数

数字	分子
整数	分母
偶数	式(数式)
奇数	＋
小数	－
小数点	＝
小数第1位	×
分数	÷

number figure（数値、アラビア数字）, numeral（文字としての数字）。	**numerator**
integer	**denominator**
even number	**numeral expression** formula とも。
odd number uneven number とも。	**plus**
decimal decimal fraction とも。	**minus**
decimal point	**equal**
the first decimal point	**multiply**
fraction	**divide**

二時間目　算数

計算	かけ算
和	割り算
差	（割り算の）あまり
積	以下（例：4以下）
商	以上（例：4以上）
値(あたい)	未満
足し算	暗算
引き算	筆算

calculation	multiplication
the sum the total とも。	division
the remainder	remainder
the product	(four) or less
the quotient	(four) or over
value	less than under とも。
addition	mental arithmetic mental calculation とも。
subtraction	calculation on paper written calculation とも。

繰り下げる	最小公倍数
繰り上げる	約数
九九	公約数
（九九の）〜の段 （例：6の段まで言う）	最大公約数
約分	約
素数	のべ
倍数	平均
公倍数	合計

borrow	**the lowest common multiple** the least common multiple, LCM, l.c.m. とも。
carry	**divisor**
multiplication table	**common divisor**
(say) the multiplication tables up to the (6's)	**the greatest common divisor** GCD, g.c.d. とも。
reduction	**about** around, approximately とも。
prime number	**total number**
multiple	**average**
common multiple	**total**

二時間目　算数

3倍	時速
単位（計量の単位）	秒速
数直線	分速
3等分	重さ
四捨五入する	長さ
切り捨てる	割合
切り上げる	比
速さ	百分率

three times	speed per hour
unit	speed per second
number line	speed per minute
trisection	weight
round off	length
round down	proportion
round up	ratio
speed velocity とも。	percentage

二時間目　算数

棒グラフ	正方形
円グラフ	長方形
折れ線グラフ	三角形
目盛り	正三角形
比例	直角三角形
反比例	二等辺三角形
図形	ひし形
円	平行四辺形

bar graph bar chart とも。	**square**
pie graph pie chart とも。	**rectangle**
line graph line chart とも。	**triangle**
scale	**equilateral triangle** regular triangle とも。
proportion	**right triangle**
inverse proportion	**isosceles triangle**
figure	**rhombus**
circle	**parallelogram**

台形	直線
五角形	対角線
正五角形	底辺
六角形	高さ
八角形	半径
角度	直径
頂点	(円の)中心
直角	円周

二時間目　算数

trapezoid	**straight line**
pentagon	**diagonal line** diagonal とも。
equilateral pentagon regular pentagon とも。	**base** 例：the base of a triangle 　　（三角形の底辺）
hexagon	**height**
octagon	**radius**
angle	**diameter**
apex 例：the apex of a triangle 　　（三角形の頂点）	**center**
right angle	**circumference**

二時間目　算数

円周率	円柱
平行	展開図
線対称	拡大図
点対称	面積
直方体	平方センチメートル
立方体	体積
三角柱	立方センチメートル
四角柱	公式

pi the ratio of the circumference of a circle to its diameter とも。	**cylinder**
parallelism	**expanded diagram** unfolded diagram, development とも。
line symmetry	**enlarged picture**
point symmetry	**area**
rectangular parallelepiped	**square centimeter** 平方メートルはsquare meter。
cube	**volume** 容量(かさ)も同じ。
triangular prism	**cubic centimeter** 立方メートルはcubic meter。
quadrangular prism	**formula**

数字

123
one hundred (and) twenty-three

1234
one thousand, two hundred (and) thirty-four

1万2345
twelve thousand, three hundred (and) forty-five

12万3456
one hundred (and) twenty-three thousand,
four hundred (and) fifty-six

123万4567
one million, two hundred (and) thirty-four thousand,
five hundred (and) sixty-seven

1234万5678
twelve million, three hundred (and) forty-five thousand,
six hundred (and) seventy-eight

1億2345万6789
one hundred (and) twenty-three million, four hundred
(and) fifty-six thousand, seven hundred (and) eighty-nine

12億3456万7891
one billion, two hundred (and) thirty -four million, five hundred
(and) sixty-seven thousand, eight hundred (and) ninety-one

休み時間　この数、なんて読む？

休み時間 この数、なんて読む？

数字

1.2

one point two

1.234

one point two three four

$\frac{1}{3}$

one third

$1\frac{1}{3}$

one and one third

5+4=9

Five plus four equals nine.

54−21=33

Fifty-four minus twenty-one equals thirty-three.

3×2=6

Three multiplied by two equals six.

10÷2=5

Ten divided by two equals five.

さか上がりを英語で言えますか?

三時間目
理科

三時間目　理科

(磁石の)N極	直列つなぎ
(磁石の)S極	並列つなぎ
磁石	(てこの)支点
電磁石	(てこの)力点
乾電池	(てこの)作用点
(電池の)＋極	てこ
(電池の)－極	ばね
電流	ふりこ

the north pole 磁石は小文字, 天体(北極)は大文字で表す。	**series connection**
the south pole 磁石は小文字, 天体(南極)は大文字で表す。	**parallel connection**
magnet	**fulcrum**
electromagnet	**point of effort**
dry cell dry batteryとも。	**point of load**
cathode	**lever**
anode	**spring**
(electric) current	**pendulum**

三時間目　理科

アルコールランプ	スポイト
ガスバーナー	ビーカー
元栓	ピンセット
三脚	フラスコ
金網	ペトリ皿
アルミニウムはく	メスシリンダー
おもり	リトマス紙
霧吹き	ろうと(じょうご)

spirit lamp	**dropper** syringe とも。
gas burner Bunsen burner (化学実験用の場合)とも。	**beaker**
main cock	**tweezers** forceps とも。
tripod	**flask**
wire netting	**petri dish**
aluminum foil tinfoil とも。	**graduated cylinder**
weight	**litmus paper**
sprayer spray とも。	**funnel**

三時間目　理科

濾紙	ピストン
温度計	虫めがね
解剖顕微鏡	聴診器
試験管	天体望遠鏡
上皿天秤	ゴム栓
分銅	ストップウォッチ
ばねばかり	検流計
注射器	はかり

filter paper	piston
thermometer	magnifying glass magnifier とも。
dissecting microscope	stethoscope
test tube	astronomical telescope
even balance Roberval's balance とも。	rubber stopper
weight counterweight とも。	stopwatch
spring balance spring scale とも。	galvanometer
syringe injector とも。	scale scales, balance（天秤の場合）とも。

液体	酸性
気体	中性
固体	沸騰
結晶	湯気
蒸発	窒素
水蒸気	酸素
水滴	二酸化炭素
アルカリ性	水溶液

liquid fluid とも。	**acidity**
gas	**neutrality**
solid solid body とも。	**boiling**
crystal	**steam**
evaporation	**nitrogen**
steam (熱を加えたときに出る) vapor(自然に発生する) とも。	**oxygen**
drop of water	**carbon dioxide**
alkalinity	**solution** water solution とも。

アンモニア水	エタノール
ヨウ素液	二酸化マンガン
塩酸	過酸化水素水
食塩水	石けん水
水酸化ナトリウム	ホウ酸
石灰水	ミョウバン
炭酸水	鉄
濾過	アルミニウム

三時間目　理科

ammonia ammonia water とも。	**ethanol**
iodine solution	**manganese dioxide**
hydrochloric acid	**hydrogen peroxide solution**
saline solution	**soapy water**
sodium hydroxide	**boric acid**
limewater	**alum**
seltzer soda water とも。	**iron**
filtration	**aluminum** aluminiumとも。

幼虫	虫とり網
脱皮	冬眠
さなぎ	えら
成虫	背びれ
変態	しりびれ
擬態	(鳥、昆虫の)産卵
触角	水槽
虫かご	水草

larva	**butterfly net** insect net とも。
molt ecdysis とも。	**hibernation** winter sleep, torpor とも。
pupa	**gill** branchia とも。
imago	**dorsal fin**
metamorphosis	**anal fin**
mimicry	**egg-laying** spawning (魚介類の場合) とも。
antenna	**water tank** aquarium とも。
insect cage	**waterweed**

三時間目 理科

雄	草食動物
雌	肉食動物
前足	雑食動物
後ろ足	食物連鎖
(鳥の)くちばし	おしべ
羽(翼)	めしべ
たてがみ	雄花
ひづめ	雌花

male	herbivore
female	carnivore
foreleg forefoot（動物の前足），forepaw（犬や猫の前足）とも。	omnivore
hind leg	food chain
bill beak（ワシなどの場合）とも。	stamen
wing	pistil
mane	male flower
hoof	female flower

三時間目　理科

(花の)がく	種
つぼみ	球根
花びら	(種から育った)苗
花粉	雑草
芽	植木鉢
(細い)茎（くき）	肥料
蔓（つる）	光合成
根	紅葉（こうよう）

cup　　calyx とも。	**seed**　　pit（大きい種の場合）、pip（小さい種の場合）とも。
bud	**bulb**
petal	**seedling**
pollen	**weed**
sprout（発芽した芽）　　shoot（新芽）とも。	**flowerpot**
stem　　stalk（太い茎の場合）とも。	**fertilizer**
vine	**photosynthesis**
root	**red leaves**

三時間目　理科

地層	化石
河口	土砂
(川の)下流	噴火
(川の)上流	噴火口
(川の)中流	溶岩
川原	晴れ(の)
火山	くもり
火山灰	雷雨

stratum layer とも。	**fossil**
the mouth of a river estuary (潮の干満のある大河の場合)とも。	**earth and sand**
the lower reaches of a river	**eruption**
the upper reaches of a river	**crater**
the middle reaches of a river	**lava**
dry riverbed river beach とも。	**fine** fair, clear とも。
volcano	**cloudy**
volcanic ashes	**thunderstorm**

三時間目 理科

台風	気温
台風の目	朝焼け
風速	夕焼け
にわか雨	霜(しも)
晴れときどきくもり	霧(きり)
晴れのちくもり	もや
高気圧	梅雨
低気圧	入道雲

typhoon	temperature
the eye of a typhoon	morning glow
wind speed wind velocity とも。	sunset evening glow とも。
shower sudden rain とも。	frost
fine, occasionally cloudy	fog
fine, later cloudy	mist 濃さの度合いは haze＜mist＜fog。
high pressure high atmospheric pressure とも。	the rainy season
low pressure low atmospheric pressure, depression とも。	thunderhead

飛行機雲	日かげ
季節風	日なた
たつまき	露(つゆ)
天気予報	満月
百葉箱	三日月
降水量	半月
降水確率	北極星
水たまり	北斗七星

三時間目 理科

contrail vapor trail とも。	**the shade**
seasonal wind the monsoon(東南アジアで) とも。	**the sun** sunny place とも。
tornado waterspout(海上の場合) とも。	**dew**
the weather forecast a weather report とも。	**full moon**
instrument screen screen とも。	**crescent** crescent moon, new moonとも。
precipitation rainfall とも。	**half-moon**
the probability of precipitation	**Polaris** the North Star, 一般には Pole Star とも。
puddle pool とも。	**the Big Dipper** the Plough とも。

一等星	こと座
夏至	わし座
冬至	カシオペヤ座
春分	こぐま座
秋分	夏の大三角形
星座	オリオン座
天の川	プレアデス星団
白鳥座	冬の大三角形

三時間目　理科

a star of the first magnitude	Lyra
the summer solstice	Aquila
the winter solstice	Cassiopeia
the vernal equinox	Ursa Minor
the autumnal equinox	Summer Triangle
constellation	Orion
the Milky Way the Galaxy とも。	Pleiades star cluster
Cygnus the Swan とも。	Winter Triangle

おなじみのパーツ

休み時間 体のパーツ、なんて言う?

額	forehead brow とも。
眉毛	eyebrow
まつげ	eyelash lash とも。
まぶた	eyelid
頬	cheek
耳たぶ	earlobe
唇	lip
あご	jaw（下あご）, chin（下あごの先）
のど	throat
うなじ	nape of the neck
首	neck
肩	shoulder
胸	chest（胸全体） breast（胸部）とも。
わきの下	armpit underarm とも。

休み時間　体のパーツ、なんて言う？

おなじみのパーツ

二の腕	upper arm
肘	elbow
手首	wrist
背中	back
おなか	stomach belly とも。
腰	waist hips とも。
へそ	navel belly button, umbilicus とも。
もも	thigh
膝	knee lap とも。
ふくらはぎ	calf
くるぶし	ankle
土ふまず	the arch of the foot the plantar arch とも。
かかと	heel
つま先	tiptoe toe とも。

休み時間 体のパーツ、なんて言う？

内臓・血管・骨

心臓	heart
肺	lung
肝臓	liver
胃	stomach
食道	esophagus gullet とも。
大腸	the large intestine
小腸	the small intestine
膀胱	bladder
動脈	artery
静脈	vein
毛細血管	capillary vessel capillary とも。
背骨	spine backbone, back とも。
頭蓋骨	skull cranium とも。
肋骨	rib

休み時間 体のパーツ、なんて言う？

肌・髪

ほくろ	mole
ニキビ	pimple acne とも。
(肌の)シミ	blotch age spot とも。
(肌の)シワ	wrinkle
肌荒れ	dry skin rough skin とも。
むくみ	swelling
アザ	birthmark bruise, spot とも。
タコ	callus
ウオノメ	corn
指紋	fingerprint
手相	the lines on one's palm
白髪	white hair silver hair（銀髪）, gray hair（白髪まじりの）とも。
くせ毛	curly hair
枝毛	split ends

さか上がりを英語で言えますか？

四時間目
社会

四時間目 社会

年号	石器
年表	土器
偉人	縄文式土器
遺跡	土偶
古墳	はにわ
前方後円墳	青銅器
貝塚	鉄器
竪穴住居	高床式倉庫

the name of an era the era name とも。	**stone tool** stone implement とも。
chronological table chronology とも。	**earthenware** earthen vessel とも。
great person hero とも。	**Jomon pottery** Jomon ware とも。
ruins remains, relics, monument とも。	**clay figure** clay doll とも。
ancient tomb tumulus とも。	**ancient Japanese clay image**
keyhole-shaped tumulus	**bronze ware**
kitchen midden shell mound とも。	**ironware**
pit dwelling	**raised-floor style storehouse**

四時間目 社会

朝廷	遷都
天皇	口分田
守護	荘園
地頭	五重塔
豪族	大仏
金印	大仏殿
冠位十二階	寝殿造り
十七条の憲法	十二単

the Imperial Court	the relocation of the capital the transfer of the capital とも。
emperor the mikado, Mikado とも。	allotted rice field (ritsuryo system)
military governor	manor lordship, demesne とも。
jito, manor steward	five-storied pagoda
powerful family powerful clan とも。	a huge statue of Buddha
golden stamp	The Hall of the Great Buddha
the first system to rank officials into 12 levels	a style of palace architecture in the Heian period
the Seventeen-Article Constitution	the ceremonial dress of a Japanese court lady

四時間目 社会

遣唐使	封建制度
遣隋使	宣教師
幕府	天守閣
征夷大将軍	天下統一
武士	摂政
御恩	関白
奉公	年貢
御家人	飢饉

Japanese envoy to the Tang Dynasty, China	the feudal system feudalism とも。
Japanese envoy to the Sui Dynasty, China	missionary
shogunate 例：the Kamakura shogunate（鎌倉幕府）	castle tower
commander-in-chief of the expeditionary force	national unification
samurai warrior とも。	regency（制度） regent（人）とも。
obligation	chief advisor to the Emperor
service	annual land tax
the shogunate vassal in the Kamakura period	famine

一揆	参勤交代
検地	藩
刀狩	寺子屋
日本刀	長屋
士族	鎖国
(幕府の)将軍	開国
大名	ペリー来航
大名行列	黒船

四時間目 社会

riot revolt とも。	**sankinkotai,** **the system of daimyo's** **alternating Edo residence**
land survey cadastral survey とも。	**feudal clan**
the sword hunt	**temple elementary** **school during** **the Edo period**
Japanese sword	**row house** terraced house とも。
a family of the samurai class	**national seclusion** national isolation とも。
shogun general とも。	**the opening** **of a country to the world**
daimyo Japanese feudal lord とも。	**arrival of Perry's ships**
daimyo's procession a procession of a daimyo and his attendants とも。	**Perry's black ships**

四時間目　社会

不平等条約	文明開化
治外法権	皇族
日米和親条約	華族
日米修好通商条約	貴族院
王政復古の大号令	自由民権運動
大政奉還	徴兵令
明治維新	兵役
五箇条の御誓文	学童疎開

unequal treaty	civilization and enlightenment
extraterritoriality extraterritorial rights とも。	the Imperial family the Royal Family とも。
the Japan-U.S. Treaty of Peace and Amity	the nobility the peerage とも。
the Japan-U.S. Treaty of Amity and Trade	House of Peers
the Declaration of Imperial Rule	the Movement for Civic Rights and Freedom
the Restoration of Imperial Rule	the Draft Law
the Meiji Restoration	military service
the Charter Oath	evacuation of school children (in wartime)

四時間目　社会

地図記号	山脈
白地図	台地
方角	海流
縮尺	寒流
等高線	暖流
平野	県境
盆地	地球儀
山地	国境

map symbol	**mountain range** mountain chain とも。
blank map outline map とも。	**plateau** tableland とも。
direction	**ocean current**
scale	**cold current**
contour line	**warm current**
plains	**prefectural boundary**
basin valley, hollow とも。	**globe**
mountainous district	**border**

緯線	赤道
緯度	北半球
北緯	南半球
南緯	大陸
経線	北極
経度	南極
東経	農業
西経	田

四時間目 社会

latitude line	the equator the Equator とも。
latitude	the Northern Hemisphere
the north latitude	the Southern Hemisphere
the south latitude	continent
longitude line meridian とも。	the North Pole（北極点） the Arctic（北極地方）
longitude	the South Pole（南極点） the Antarctic（南極地方）
the east longitude	agriculture
the west longitude	rice field paddy field とも。

四時間目　社会

畑	市場
(柑橘系の)果樹園	林業
牧場	漁業
用水路	沿岸漁業
稲作	遠洋漁業
畑作	沖合漁業
畜産	漁協
農協	漁港

field	**market**
grove(主に柑橘系の場合) orchard(非柑橘系の場合) とも。	**forestry**
stock farm ranch, pasture とも。	**fishery** fishing とも。
irrigation channel irrigation canal, irrigation ditch とも。	**inshore fisheries**
rice growing(稲の栽培) rice crop(稲の作物) とも。	**far seas fisheries**
dry field farming (畑で作物を作ること) dry field crop(畑で作られた作物) とも。	**offshore fisheries**
stockbreeding	**fisheries cooperative**
agricultural cooperative	**fishing port**

養殖	風力発電
工業	太陽光発電
工業地帯	オゾン層
工場	開発
原料	自然破壊
資源	粗大ごみ
天然ガス	地球温暖化
発電所	酸性雨

四時間目　社会

culture farming とも。	**wind power generation**
industry	**solar power generation**
industrial area industrial district とも。	**the ozone layer** the ozonosphere とも。
factory plant とも。	**development**
raw materials material, stuff, stock とも。	**destruction of nature**
resources	**bulky refuse** bulky garbage とも。
natural gas	**global warming**
power plant power station とも。	**acid rain**

四時間目 社会

公害	津波
悪臭	土砂崩れ
騒音	土石流
大気汚染	避難所
雪崩(なだれ)	非常もち出し袋
干ばつ	火事
洪水	緊急地震速報
地震	携帯電話

environmental pollution	**tsunami** tidal wave とも。
bad smell stench, stink とも。	**landslide**
noise	**debris flow** mud flood とも。
air pollution	**shelter** refuge とも。
avalanche	**emergency bag**
drought	**fire**
flood deluge, inundation とも。	**Earthquake Early Warning (EEW)**
earthquake quake とも。	**cellphone** mobile phone とも。

四時間目 社会

国歌	憲法
国旗	（日本の）国会
世界遺産	衆議院
青年海外協力隊	参議院
三権分立	（日本の）国会議員
立法	政府
司法	内閣
行政	内閣総理大臣

national anthem	constitution
national flag	the Diet Congress(アメリカの場合), Parliament(イギリスの場合)
World Heritage (Site)	the House of Representatives
the Japan Overseas Cooperation Volunteers JOCV とも。	the House of Councilors
separation of powers the division of the three powers とも。	member of the Diet member of Congress(アメリカの場合), member of Parliament(イギリスの場合)。
legislation lawmaking とも。	government
the administration of justice	cabinet
administration government とも。	the Prime Minister

四時間目 社会

国務大臣	当選
裁判所	大使
裁判員	大使館
選挙	領事
選挙権	領事館
党	県知事
投票	市長
立候補	簡易裁判所

minister of state	winning one's election
court	ambassador
citizen judge lay judge とも。	embassy
election	consul
the right to vote suffrage とも。	consulate
party	governor
vote voting, ballot とも。	mayor
candidacy	summary court

四時間目 社会

家庭裁判所	電報
地方裁判所	個人情報
高等裁判所	輸送
最高裁判所	貨物船
世論	貿易
テレビ局	輸出
新聞社	輸入
通信社	宅配便

family court	telegram
	wire とも。
district court	personal information
high court	transportation
the Supreme Court	freighter
	cargo boat, cargo ship とも。
public opinion	trade
TV station	export
newspaper company	import
newspaper publisher とも。	
news agency	home delivery service

歴史

645年 大化の改新
the Taika Reform

1051年 前九年の役
the Zenkunen War

1274年、1281年 元寇
the Mongol Invasions of Japan

1333年 建武の新政
the Kenmu Restoration

1467年 応仁の乱
the Onin War

1560年 桶狭間の戦い
the Battle of Okehazama

1582年 本能寺の変
the Honnoji Incident

1614年 大阪冬の陣
the Siege of Osaka in Winter

休み時間 あのできごと、なんて言う?

休み時間　あのできごと、なんて言う？

歴史

1637年 島原の乱
the Shimabara Uprising

1782年(〜) 天明の飢饉
Tenmei Famine

1858年 安政の大獄
the Ansei Purge

1860年 桜田門外の変
the Sakuradamongai Incident

1918年 米騒動
Rice riots provoked by spiraling inflation

1931年 満州事変
the Manchurian Incident

1939年 第二次世界大戦
World War II

1941年 太平洋戦争
the Pacific War

さか上がりを英語で言えますか？

課外活動
もちもの検査
(学用品など)

課外活動 もちもの検査

ランドセル	シャープペンシル
上履き	色鉛筆
名札	折りたたみカサ
連絡帳	ボールペン
水筒	蛍光ペン
メモ帳	マジックペン
筆箱	サインペン
下敷き	(シャープペンの)芯

school backpack schoolbag とも。	**mechanical pencil** propelling pencil とも。
indoor shoes slippers とも。	**colored pencil**
name tag	**folding umbrella**
correspondence notebook	**ball-point pen**
canteen water bottle とも。	**highlighter** highlighter pen とも。
memo pad notepad, scratch pad とも。	**magic marker**
pencil box pencil case とも。	**felt pen**
plastic sheet	**lead**

消しゴム	しおり
鉛筆削り	ビニルテープ
ガムテープ	両面テープ
クリップ	修正液
コンパス	電卓
定規	そろばん
三角定規	方眼紙
分度器	ホチキス

課外活動　もちもの検査

eraser rubber とも。	**bookmark**
pencil sharpener	**plastic tape**
packing tape sticky tape, masking tape とも。	**double-sided tape** double-sided adhesive tape とも。
clip	**whiteout** correction fluid とも。
compasses a pair of compasses として使用。	**calculator** desk calculator, pocket calculator とも。
ruler	**abacus**
triangle set square とも。	**graph paper** section paper とも。
protractor	**stapler**

和製英語

休み時間 その言葉、日本語? 英語?

アクセル	**gas pedal** accelerator とも。
アットマーク(@)	**at sign**
アルバイト	**part-time job** side job(定職のある人のアルバイト) とも。
オープンカー	**convertible** soft-top とも。
ガードマン	**security guard** guard, watch とも。
カメラマン	**photographer**
キーホルダー	**key ring**
コンクール	**contest** competition とも。
コンセント	**outlet** socket とも。
サラリーマン	**office worker** company employee とも。
ジェットコースター	**roller coaster** corkscrew(螺旋状のもの), switchback とも。
シュークリーム	**cream puff** puff とも。
スキンシップ	**physical contact**
スパナ	**wrench** spanner とも。
セロテープ	**Scotch tape**(米)《商標》 Sellotape(英)《商標》 とも。

125

休み時間 その言葉、日本語？英語？

和製英語

ドライバー(工具)	screwdriver
トレーナー(衣類)	sweatshirt
ノースリーブ	sleeveless
(車の)ハンドル	steering wheel
フライドポテト	French fries chipsとも。
フリーサイズ	one size fits all.
ベビーカー	stroller pushchair, buggy とも。
ペンチ	pliers
(分譲)マンション	condominium
モーニングコール	wake-up call
リモコン	remote control
クーラー	air conditioner
ルームランナー	treadmill
ワイシャツ	shirt
ワンピース	dress

さか上がりを英語で言えますか？

五時間目
図画工作

五時間目　図画工作

写生	画用紙
水彩画	黄土色
水彩絵の具	黄緑色
パレット	群青色
筆洗（筆を洗うバケツ）	朱色
絵筆	深緑色
クレヨン	青紫色
画板	版画

sketching	**drawing paper**
watercolor watercolor painting とも。	**ocher**
watercolors	**yellow-green**
palette	**ultramarine**
brush cleaner writing brush washer とも。	**vermilion**
paintbrush	**dark green**
crayon	**bluish purple**
drawing board panel とも。	**print** engraving とも。

五時間目 図画工作

彫刻刀	段ボール
厚紙	竹ひご
セロファン	牛乳パック
紙粘土	たこ糸
粘土	空き箱
粘土べら	山折り
折り紙(の紙)	谷折り
ベニヤ板	切り込み

chisel graver とも。	**corrugated cardboard** cardboard とも。
thick paper cardboard, pasteboard など。	**bamboo stick**
cellophane	**milk carton**
papier-mâché	**kite string**
clay	**empty box**
clay pallet	**mountain fold**
origami paper folding とも。	**valley fold**
plywood	**nick** undercut とも。

五時間目　図画工作

のりしろ	ポリ袋
のり	やすり
はさみ	糸のこ
かなづち	紙やすり
きり	針金
くぎ	接着剤
(L字形の)くぎ抜き	千枚通し
のこぎり	輪ゴム

margin to paste up overlap width とも。	**plastic bag**
paste glue とも。	**file** rasp とも。
scissors	**fretsaw** coping saw とも。
hammer	**sandpaper** emery paper とも。
gimlet drill, auger とも。	**wire**
nail peg とも。	**adhesive** glue, bond, cement とも。
nail puller	**awl**
saw power saw(電動のこぎり)とも。	**rubber band** elastic band とも。

ことわざ

案ずるより産むがやすし
You never know till you try.

十人十色
So many men, so many minds.

百聞は一見にしかず
Seeing is believing.

類は友を呼ぶ
Birds of a feather flock together.

郷に入っては郷に従え
When in Rome, do as the Romans do.

猿も木から落ちる
Even Homer sometimes nods.

さわらぬ神にたたりなし
Let sleeping dogs lie.

光陰矢のごとし
Time flies.

休み時間　あのことわざ、なんて言う？

休み時間 あのことわざ、なんて言う?

ことわざ

一石二鳥
Kill two birds with one stone.

エビでタイを釣る
Throw out a sprat to catch a mackerel.

三人寄れば文殊の知恵
Two heads are better than one.

五十歩百歩
Six of one and a half dozen of the other.

大は小を兼ねる
Better too big than too small.

病は気から
The mind rules the body.

人の噂も七十五日
A wonder lasts but nine days.

少年老いやすく学成り難し
Art is long, life is short.

さか上がりを英語で言えますか?

六時間目
体育

六時間目 体育

とび箱	気をつけ！(号令)
縄跳び(の縄)	休め！(号令)
マット	前へならえ！(号令)
一輪車	なおれ！(号令)
卓球台	右向け右！(号令)
踏み切り板	回れ右！(号令)
平均台	前へ進め！(号令)
整列！(号令)	位置について用意ドン！(号令)

vaulting horse horse とも。	**Attention!**
jump rope skipping rope とも。	**At ease!**
mat	**Line up!**
unicycle monocycle とも。	**At ease!**
table-tennis table table for table tennis とも。	**Right face!**
springboard	**About face!**
balance beam	**Forward!**
Line up!	**On your mark, get set, go!** Ready, Steady, go! とも。

六時間目　体育

ジャージ	走り幅跳び
赤白帽子	二重跳び
靴ひも	(鉄棒の)前回り
体操着	さか上がり
準備運動	けんすい
短距離走	(床運動の)前転
長距離走	(床運動の)後転
走り高跳び	側転

jersey	**the running broad jump** the running long jump とも。
red or white reversible cap	**double skip**
shoestring shoelace とも。	**front hip circle**
gym suit	**back hip circle** backward flip とも。
warm-up tuneup とも。	**chin-up** pull-up とも。
short-distance race dash, sprint とも。	**forward roll**
long-distance race	**backward roll**
the high jump	**cartwheel**

六時間目 体育

逆立ち	リレー
馬跳び	騎馬戦
ばた足	玉入れ
ビート板	障害物競走
背泳ぎ	パン食い競走
平泳ぎ	二人三脚
クロール	綱引き
息継ぎ	応援

handstand	relay race
leapfrog	mock cavalry battle
flutter kick thrash とも。	ball-toss game
kickboard float とも。	obstacle race
the backstroke	bun-snatching race
the breaststroke	three-legged race
the crawl the crawl stroke とも。	tug of war tug-of-war とも。
breathing spell	cheer cheering とも。

六時間目　体育

けが	やけど
切り傷	応急手当
すり傷	包帯
打撲傷	絆創膏
突き指	身長
ねんざ	体重
鼻血	座高
熱中症	体温計

injury hurt, wound とも。	**burn** scald とも。
cut slash（深い切り傷）， gash（長く深い切り傷）， nick（小さな切り傷）とも。	**first aid**
scratch graze とも。	**bandage**
bruise	**adhesive plaster** sticking plaster とも。
sprained finger	**height** stature とも。
sprain twist とも。	**weight**
nosebleed	**sitting height**
heatstroke	**clinical thermometer** thermometer とも。

六時間目　体育

思春期	おたふくかぜ
声変わり	心筋梗塞
体脂肪率	脳卒中
感染症	高血圧
はしか	糖尿病
水ぼうそう	虫歯
風疹	歯周病
とびひ	歯垢

adolescence puberty とも。	**mumps** parotitis とも。
the change of one's voice	**myocardial infarction**
body fat percentage	**stroke** cerebral apoplexy とも。
infectious disease infection とも。	**high blood pressure** hypertension とも。
measles	**diabetes**
chicken pox	**decayed tooth** bad tooth, cavity とも。
rubella German measles とも。	**gum disease** periodontal disease とも。
impetigo	**plaque**

野球

休み時間 野球の言葉、なんて言う?

ストライク	strike
ボール	ball
三振	strikeout
フォアボール	base on balls walk とも。
セーフ	safe
アウト	out
ファール	foul
ヒット	hit base hit, single とも。
二塁打	two-base hit double とも。
三塁打	three-base hit triple とも。
ホームラン	home run homer とも。
バント	bunt
セーフティーバント	drag bunt
犠牲フライ	sacrifice fly
盗塁	steal

休み時間　野球の言葉、なんて言う？

野球

内野手	infielder
外野手	outfielder
ゴロ	grounder
キャッチアップ	catch-up
ボーク	balk
ヘッドスライディング	headfirst sliding
敬遠	intentional walk
牽制球	pick-off throw
代打者	pinch hitter
指名打者	designated hitter
振り逃げ	dropped third strike
打率	batting average
防御率	earned run average
バックネット	backstop
ナイター	night game

さか上がりを英語で言えますか?

給食
和の食べもの

給食 和の食べもの

かぶ	貝割れ大根
きゅうり	絹さや
ごぼう	春菊
もやし	たけのこ
れんこん	にら
大根	みょうが
なす	らっきょう
枝豆	さといも

turnip	**daikon sprouts** white radish sprouts とも。
cucumber	**field peas**
burdock	**garland chrysanthemum**
bean sprouts	**bamboo shoot**
lotus root	**leek** Chinese chive, garlic chive とも。
daikon Japanese radish とも。	**Japanese ginger**
eggplant aubergine とも。	**rakkyo** shallot とも。
edamame green soybean とも。	**taro**

給食 和の食べもの

さんま	煮干し
ぶり	しらす干し
あゆ	干物
ふぐ	あじの開き
さざえ	きなこ
あわび	だし汁
のり	しょうゆ
削り節	みそ

Pacific saury	small boiled and dried sardines
yellowtail	dried whitebait
ayu sweetfish とも。	dried fish
blowfish globefish とも。	cut open and dried horse mackerel
turban shell	soybean flour
abalone ear shell とも。	soup stock
nori laver とも。	soy sauce
dried bonito shavings	miso soybean paste とも。

給食 和の食べもの

酢	チャーハン
練りからし	うどん
練りわさび	もち
山椒の実	とんカツ
鍋もの	冷ややっこ
すまし汁	湯豆腐
酢のもの	大根おろし
おにぎり	みそ汁

vinegar	(Chinese) fried rice
mustard paste	udon noodles
wasabi paste kneaded wasabi とも。	rice cake
Japanese pepper	(breaded) pork cutlet
food cooked in a pot	cold tofu
clear soup	boiled tofu
vinegared food food in sweetened vinegar とも。	grated radish
rice ball	miso soup

身近な和食

休み時間　あの食べもの、なんて言う？

納豆
natto, fermented soybeans

梅干し
umeboshi, dried plum

漬けもの
tsukemono, Japanese pickled vegetables

ちくわ
chikuwa, fish-paste cooked in a bamboo-like shape

麩
fu, wheat-gluten bread

わかめ
wakame, soft seaweed

こんぶ
kombu, a kind of kelp

塩辛
shiokara preserve, fish guts pickled in salt

休み時間 あの食べもの、なんて言う？

身近な和食

カツ丼
katsudon, a bowl of rice topped with breaded pork cutlet and vegetables bound with egg

親子丼
oyakodon, a bowl of rice topped with chicken mixed with egg

釜飯
kamameshi, rice boiled with meat and vegetables in a small pot

お茶漬け
ochazuke, rice with green tea or hot water poured over it

おじや
ojiya, rice gruel seasoned with miso or soy sauce

雑炊
zosui, porridge of rice and vegetables

もりそば
morisoba, buckwheat noodles served on a bamboo platter

きつねうどん
kitsuneudon, udon noodles with deep-fried tofu

身近な和食

鍋焼きうどん
nabeyakiudon, udon noodles served in a pot with broth of various ingredients

そうめん
somen, vermicelli-like thin white noodles

ラーメン
ramen noodles, Chinese noodles in soup

焼きそば
yakisoba, noodles stir-fried with meat and vegetables

お好み焼き
okonomiyaki, Japanese-style savory pancake with various ingredients

たこ焼き
takoyaki, octopus dumplings

きんぴらごぼう
kimpiragobo, sliced burdock sauteed in oil, soy sauce and sugar

茶碗蒸し
chawanmushi, savory egg custard

休み時間 あの食べもの、なんて言う？

休み時間 あの食べもの、なんて言う？

身近な和食

茶巾ずし
chakinzushi, sushi rice wrapped in a thin layer of fried egg

いなりずし
inarizushi, rolled deep-fried tofu sushi

あんこ
anko, red bean paste

まんじゅう
manju, Japanese-style steamed yeast bun with sweetened bean paste

お汁粉
shiruko, thick and sweet adzuki-bean soup

大福
daifuku, soft round rice cake stuffed with sweetened bean paste

ようかん
yokan, sweet adzuki-bean jelly

もなか
monaka, wafer cake filled with sweetened bean paste

すしネタいろいろ

休み時間 あの食べもの、なんて言う？

アジ	horse mackerel
ヒラメ	flatfish flounder とも。
タイ	sea bream
ハマチ	young yellowtail
イワシ	sardine
コハダ	young Japanese gizzard shad
トロ	fatty tuna
中トロ	medium-fatty tuna
カツオ	bonito
アナゴ	conger eel
ホタテ貝	scallop
甘エビ	northern shrimp
イカ	cuttlefish squid とも。
タコ	octopus

休み時間　あの食べもの、なんて言う？

すしネタいろいろ

シャコ	mantis shrimp
イクラ	salmon roe
ウニ	sea urchin
数の子	herring roe
鮭	salmon
カレイ	flatfish
サバ	mackerel
縁側	fin-edge gristle of a flounder
玉子	fried eggs
トリ貝	egg cockle
太巻き	futomaki, a large sushi roll
細巻き	hosomaki, a small sushi roll
カッパ巻き	kappamaki, rolled cucumber sushi
押し寿司	oshizushi, pressed sushi
わさび	Japanese horseradish

さか上がりを英語で言えますか？

七時間目
音楽

縦笛	カスタネット
オルガン	タンバリン
打楽器	鍵盤
小太鼓	弦
大太鼓	弦楽器
鉄琴	（弦楽器を弾く）弓
木琴	金管楽器
（太鼓の）ばち	木管楽器

七時間目　音楽

recorder	castanets
organ	tambourine
percussion instrument	keyboard
snare drum side drum とも。	string
bass drum o-daiko（和楽器の大太鼓）とも。	stringed instrument
glockenspiel	bow
xylophone	brass instrument
drumstick	woodwind instrument

七時間目　音楽

楽譜	ト音記号
（音階の）ド	ヘ音記号
レ	小節
ミ	四分音符
ファ	付点四分音符
ソ	和音
ラ	四分休符
シ	四分の四拍子

(musical) score music, a music sheet (1枚の楽譜の場合)とも。	**G clef** treble clef とも。
do	**F clef** bass clef とも。
re	**bar**
mi	**quarter note**
fa	**dotted quarter note**
so sol とも。	**chord**
la	**quarter rest**
ti	**common time**

七時間目　音楽

歌詞	旋律
作曲	短調
作詞	長調
合唱	伴奏
輪唱	わらべうた
合奏	鑑賞
指揮	吹奏楽
指揮棒	民謡

lyrics the words of a song とも。	**melody** tune とも。
composition musical composition とも。	**minor** minor key とも。
writing song lyrics	**major** major key とも。
chorus	**accompaniment**
round	**traditional children's song** nursery rhyme とも。
ensemble	**appreciation**
conducting	**wind music** wind-instrument music とも。
baton	**folk song**

動物の声

休み時間 あの生きもの、なんて鳴く？

ワンワン	犬	bow wow
ウー	犬	woof
ニャー	猫	meow
モー	牛	moo / low とも。
ブーブー	ブタ	oink / grunt とも。
メー	羊	baa / bleat とも。
ヒヒーン	馬	neigh / whinny とも。
キーキー	サル	screech

休み時間 あの生きもの、なんて鳴く？

鳥の声

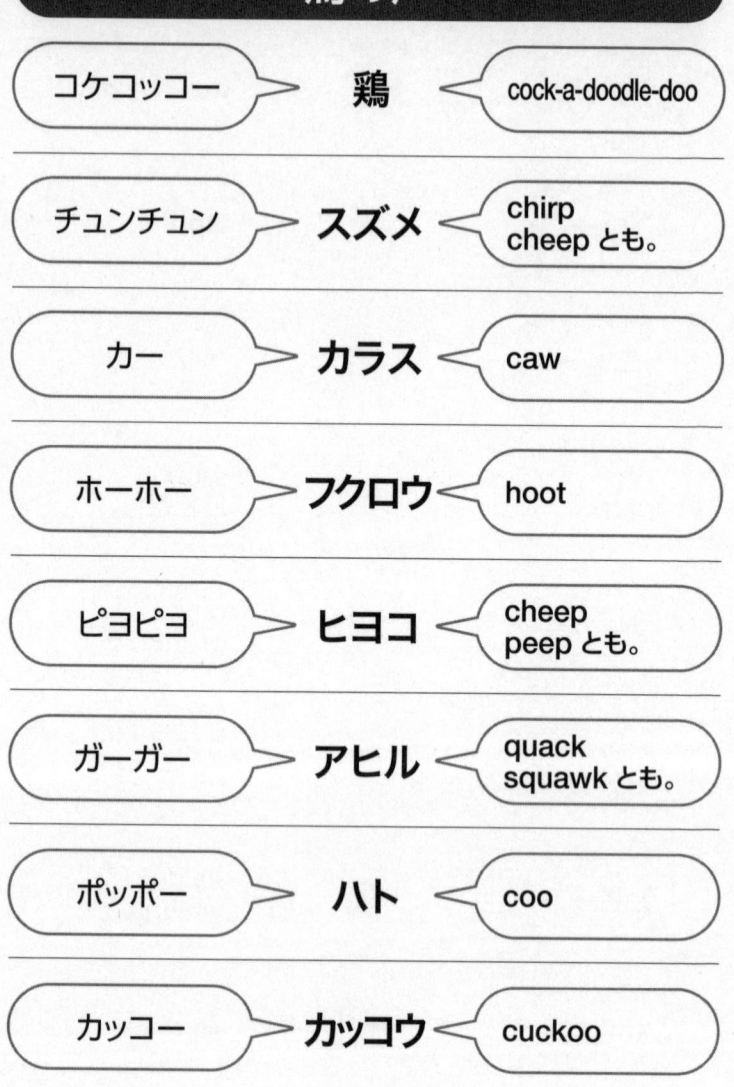

コケコッコー	鶏	cock-a-doodle-doo
チュンチュン	スズメ	chirp / cheep とも。
カー	カラス	caw
ホーホー	フクロウ	hoot
ピヨピヨ	ヒヨコ	cheep / peep とも。
ガーガー	アヒル	quack / squawk とも。
ポッポー	ハト	coo
カッコー	カッコウ	cuckoo

さか上がりを英語で言えますか？

課外活動
和の暮らし

こま回し	シャボン玉
たこあげ	なぞなぞ
羽つき	押し花
あやとり	指相撲
お手玉	早口言葉
缶蹴り	竹馬
かくれんぼ	紙しばい
おいかけっこ	鬼ごっこ

課外活動 和の暮らし

top spinning	soap bubbles
kite flying	riddle
Japanese badminton battledore and shuttlecock とも。	pressed flower
cat's cradle	thumb wrestling
beanbag	tongue twister
kick-the-can	stilts
hide-and-seek hide-and-go-seek とも。	picture-story show
(playing) "chase"	(playing) tag

課外活動　和の暮らし

百人一首	春一番
書き初め	落ち葉
雪合戦	生け花
ござ	茶の湯
ちゃぶ台	正座
花火	あぐら
海水浴	年賀状
座椅子	お年玉

a card game of 100 poems by 100 famous poets	the first gale of spring
the first calligraphy of the year	fallen leaves
snowball fight	ikebana flower arrangement とも。
rush mat	tea ceremony
low dining table	sitting up straight sitting on one's heels とも。
fireworks	sitting cross-legged
sea bathing swimming in the ocean とも。	New Year's card
legless chair	New Year's gift New Year's present とも。

課外活動 和の暮らし

初詣	海開き
節分	山開き
豆まき	お盆
ひな祭り	墓参り
ひな人形	十五夜
ぼんぼり	もみじがり
花見	除夜の鐘
ころもがえ	年越しそば

first visit to a shrine or a temple at the New Year	opening of the beachgoing season
the day before the beginning of spring	start of the mountain-climbing season
bean scattering ceremony	the Bon Festival Festival of the Dead とも。
the Doll's Festival the Girl's Festival とも。	visit to a grave
a doll displayed at the Doll's Festival	full moon night
paper-covered lamp or lantern small lamp with a paper shade とも。	fall maple viewing
cherry-blossom viewing flower viewing とも。	the ringing of temple bells on New Year's Eve
seasonal change of clothing	soba noodles eaten on New Year's Eve

元日	海の日
成人の日	敬老の日
建国記念の日	秋分の日
春分の日	体育の日
昭和の日	文化の日
憲法記念日	勤労感謝の日
みどりの日	天皇誕生日
こどもの日	大晦日

課外活動　和の暮らし

New Year's Day	Marine Day
Coming-of-Age Day	Respect-for-the-Aged Day
National Founding Day National Foundation Day とも。	Autumnal Equinox Day
Vernal Equinox Day	Health-Sports Day
Showa Day	Culture Day
Constitution Memorial Day	Labor Thanksgiving Day
Greenery Day	the Emperor's Birthday
Children's Day	New Year's Eve the last day of the year とも。

省庁

休み時間 あの省庁、なんて言う?

外務省
Ministry of Foreign Affairs of Japan

環境省
Ministry of the Environment

経済産業省
Ministry of Economy, Trade and Industry

厚生労働省
Ministry of Health, Labour and Welfare

総務省
Ministry of Internal Affairs and Communications

国土交通省
Ministry of Land, Infrastructure, Transport and Tourism

財務省
Ministry of Finance

農林水産省
Ministry of Agriculture, Forestry and Fisheries

休み時間　あの省庁、なんて言う？

省庁

法務省
Ministry of Justice

防衛省
Ministry of Defense

宮内庁
Imperial Household Agency

警察庁
National Police Agency

金融庁
Financial Services Agency

消費者庁
Consumer Affairs Agency

文部科学省
Ministry of Education, Culture, Sports, Science and Technology

内閣府
Cabinet Office, Government of Japan

さか上がりを英語で言えますか？

八時間目
家庭科

八時間目　家庭科

計量カップ	ざる
フライパン	しゃもじ
片手鍋	泡立て器
炊飯器	ふきん
フライ返し	ガスコンロ
まな板	換気扇
包丁	たわし
玉しゃくし	ごはん茶碗

measuring cup measuring jug とも。	**basket** bamboo basket, bamboo colander とも。
frying pan frypan, skillet とも。	**rice paddle**
single-handled pot	**whisk**
rice cooker	**dish towel** tea towel, kitchen towel とも。
spatula turner とも。	**gas stove**
chopping board cutting board とも。	**ventilating fan** extractor fan とも。
kitchen knife carving knife (肉切り用の包丁の場合)とも。	**scrub brush** scrubbing brush とも。
ladle	**rice bowl**

八時間目　家庭科

急須	焼く
汁椀	蒸す・蒸らす
湯飲み茶碗	皮をむく
箸(はし)	揚げる
割りばし	いちょう切り
あえる	せん切り
ちぎる	短冊切り
ゆでる・煮る	輪切り

teapot	broil grill とも。
soup bowl	steam
teacup	peel pare, skin とも。
chopsticks	fry deep-fry (たっぷりの油で揚げる場合)とも。
disposable wooden chopsticks	quarter slice
dress toss とも。	julienne slice julienne strip とも。
tear	rectangular slice
boil blanch とも。	round slice

八時間目　家庭科

強火	脂肪
弱火	炭水化物
中火	(卵の)殻
火加減	(鶏)ささみ
茶こし	(鶏)手羽
菜箸	(豚)ばら
タンパク質	(豚)もも
ビタミン	(豚)ロース

high flame high heat (高温)とも。	**fat**
low flame low heat (低温)とも。	**carbohydrate**
medium flame medium heat (中温)とも。	**eggshell**
condition of fire	**chicken breast fillet**
tea strainer	**chicken wing**
long chopsticks	**pork ribs** ribs とも。
protein	**ham**
vitamin	**pork loin**

八時間目 家庭科

縫い針	玉結び
待ち針	玉止め
針刺し	並縫い
指ぬき	かがり縫い
糸	型紙
しつけ糸	ミシン
縫いしろ	上糸(うわいと)
三つ折り	下糸(したいと)

sewing needle	thread knot
marking pin	French knot
pincushion	running stitch
thimble	hemstitch
thread yarn, string とも。	pattern
basting thread	sewing machine
seam allowance margin to sew up とも。	needle thread
threefold folded in three とも。	bobbin thread

八時間目 家庭科

長袖	掃除
半袖	ごみ
ズボン	ぞうきん
洗濯	ちりとり
洗剤	バケツ
洗濯ばさみ	はたき
洗濯機	ほうき
物干しざお	掃除機

long sleeves	**cleaning** cleanup, clean, sweep とも。
short sleeves	**trash** rubbish, garbage(生ごみ), waste(廃棄物), refuse(家庭ごみ) とも。
pants trousers とも。	**duster** duster cloth, floorcloth(床用) とも。
washing wash, laundry とも。	**dustpan**
detergent cleanser とも。	**bucket**
clothespin clothes peg とも。	**duster**
washing machine washer とも。	**broom**
clothes-drying bar	**vacuum cleaner**

樹木

松	pine
竹	bamboo
梅	plum
杉	Japanese cedar
桜	cherry blossoms
ぼたん	(tree) peony
つばき	camellia
もみじ	maple
つつじ	azalea
きんもくせい	fragrant orange-colored olive
じんちょうげ	daphne
くちなし	gardenia
しゃくやく	peony
藤	wisteria

休み時間　あの植物、なんて言う?

休み時間 あの植物、なんて言う?

草花

朝顔	morning glory
菊	chrysanthemum
水仙	narcissus
なでしこ	pink
たんぽぽ	dandelion
すずらん	lily of the valley
菜の花	rape blossoms
しょうぶ	sweet flag
ききょう	Chinese bellflower
りんどう	gentian
忘れな草	forget-me-not
ほうせんか	touch-me-not garden balsam とも。
彼岸花	(red) spider lily
けいとう	cockscomb

さか上がりを英語で言えますか？

帰りの会
学校にあるものいろいろ
（施設・設備）

帰りの会　学校にあるものいろいろ

校舎	渡り廊下
校門	手すり
校庭	昇降口
芝生	下駄箱
花壇	トイレ
池	吹き抜け
屋上	地下室
廊下	焼却炉

school building	**connecting corridor**
school gate	**handrail**
schoolyard playground とも。	**entrance**
lawn	**shoe box**
flower bed flower garden （大きな花壇の場合）とも。	**restroom(s)** toilets, lavatory とも。
pond	**stairwell**
roof rooftop とも。	**basement** cellar（地下貯蔵室）とも。
corridor	**incinerator**

帰りの会　学校にあるものいろいろ

教室	事務室
音楽室	職員室
家庭科室	図書室
給食室	体育館
更衣室	保健室
校長室	理科室
講堂	応接室
視聴覚室	黒板

classroom	school office
music room	teacher's room staff room とも。
home economics room	library
school kitchen	gymnasium gym とも。
locker room changing room とも。	school infirmary
the principal's office	science room
auditorium	reception room drawing room とも。
audiovisual room	blackboard the chalkboard とも。

帰りの会　学校にあるものいろいろ

黒板消し	けむり感知機
チョーク	うんてい
画びょう	シーソー
掲示板	ジャングルジム
蛇口	ぶらんこ
非常口	ろくぼく
消火器	砂場
火災報知機	(体操用の)鉄棒

blackboard eraser eraser とも。	**smoke detector**
chalk	**horizontal ladder**
thumbtack drawing pin とも。	**seesaw** teeter とも。
bulletin board notice board とも。	**jungle gym** climbing frame とも。
faucet tap とも。	**swing**
emergency exit	**wall bars**
fire extinguisher extinguisher とも。	**sand box** sandpit とも。
fire alarm	**horizontal bar**

休み時間 あの仕事、なんて言う？

農林水産業

農業従事者	farmer
漁業従事者	fisherman
林業従事者	forestry worker

会社などで働く仕事

国家公務員	government employee government worker とも。
地方公務員	local government employee local government worker とも。
社長	president
副社長	executive vice-president
課長	section manager
係長	subsection manager
営業マン	salesperson
秘書	secretary
受付係	receptionist

休み時間 あの仕事、なんて言う?

暮らしを守る仕事

警察官	police officer
消防士	firefighter
救急隊員	paramedic
自衛隊員	member of the Self-Defense Forces of Japan
裁判官	judge
弁護士	lawyer attorney とも。
政治家	politician
外交官	diplomat
教師	teacher
保育士	child carer nursery school teacher とも。
医師	doctor physician とも。
歯科医師	dentist
看護師	nurse
薬剤師	pharmacist druggist, chemist とも。

専門技術を生かす仕事

休み時間 あの仕事、なんて言う？

板前	cook
大工さん	carpenter
とび職	scaffold worker
建築家	architect
美容師	beautician cosmetician とも。
新聞記者	newspaper reporter
宇宙飛行士	astronaut
通訳	interpreter
気象予報士	certificated weather forecaster
バスの運転士	bus driver
会計士	accountant
土木作業員	construction worker
科学者	scientist
探偵	(private) detective

休み時間 あの仕事、なんて言う？

暮らしに楽しみを与える仕事

小説家	**novelist** fiction writer, story writer, story teller とも。
映画監督	**movie director** film director とも。
俳優	**actor** performer とも。
脚本家	**playwright** scenario writer とも。
声優	**voice actor** dubbing artist とも。
歌手	**singer**
音楽家	**musician**
画家	**painter**
漫画家	**cartoonist** comic artist, caricaturist, manga artist とも。
編集者	**editor**
占い師	**fortuneteller** palmist（手相見）とも。
陶芸家	**ceramist** ceramic artist, potter とも。
バスガイド	**bus tour guide**
客室乗務員	**flight attendant** cabin crew とも。

さか上がりを英語で言えますか？

下校
通学路で出会ういろいろ

下校 通学路で出会ういろいろ

信号	点字ブロック
交差点	踏切
行き止まり	歩道橋
一方通行	ガードレール
横断歩道	ガソリンスタンド
Y字路	駐車場
歩道	電信柱
車道	生け垣

traffic light traffic signal とも。	**tactile tile** tactile warnings とも。
crossing intersection とも。	**railroad crossing** crossing とも。
dead end blind alley とも。	**overpass** pedestrian bridge とも。
one-way traffic One way.（掲示の場合）とも。	**guardrail** crash barrier とも。
crosswalk pedestrian crossing, zebra crossing とも。	**gas station** petrol station とも。
forked road	**parking lot** car park とも。
sidewalk pavement とも。	**telephone pole** telegraph pole とも。
roadway road とも。	**hedge**

下校 通学路で出会ういろいろ

シルバーシート	網棚
改札口	近道
時刻表	道路標識
電車	道路標示
自動ドア	一時停止
切符	交通事故
吊革	(自転車の)二人乗り
定期券	書店

priority seat	rack
	luggage rack とも。
ticket gate	shortcut
wicket, barrier とも。	cut とも。
schedule	road sign
timetable とも。	signpost とも。
train	road marking
	traffic sign painted on the road とも。
automatic door	stop
	halt とも。
ticket	traffic accident
strap	double riding on a bicycle
commutation ticket	bookstore
season ticket とも。	bookshop とも。

下校 通学路で出会ういろいろ

レストラン	鮮魚店
百貨店	小学校
コンビニエンスストア	中学校
薬局	高校
銀行	浄水場
教会	下水処理場
青果店	駐輪場
精肉店	(バスの)停留所

restaurant	**fresh fish shop** fish market, fishmonger とも。
department store	**elementary school** primary school とも。
convenience store	**junior high school** junior high, lower secondary school とも。
drugstore chemist's, pharmacy（調剤薬局）, dispensary（病院内の薬局）とも。	**senior high school**
bank	**water filtering plant**
church	**sewage disposal plant**
fruit and vegetable store greengrocer とも。	**bicycle parking lot**
butcher shop	**bus stop**

下校　通学路で出会ういろいろ

(時計の)短針	品質
(時計の)長針	賞味期限
(時計の)秒針	商店街
おつり	線路
チラシ	坂
レジ	救急車
自動販売機	消防車
値段	パトカー

hour hand	**quality**
minute hand	**the best before date** pull date, sell-by date とも。
second hand	**shopping street** shopping arcade (屋根のある商店街), shopping mallとも。
change	**(railroad) track** (railway) track とも。
flier handbill(手で配るチラシ), insert(新聞の折り込みチラシ)とも。	**slope** hill とも。
cash register register とも。	**ambulance**
vending machine dispenser とも。	**fire engine**
price cost(費用), charge(料金)とも。	**patrol car**

地図記号

休み時間　日本の地図にあるもの、なんて言う？

県庁	◎	prefectural office
市役所	◎	municipal office city hall とも。
町村役場	○	town and village offices
警察署	⊗	police station
消防署	Y	fire station
郵便局	〒	post office
交番	X	police box koban とも。
税務署	◇	tax office
保健所	⊕	public health center

休み時間　日本の地図にあるもの、なんて言う？

地図記号

図書館	library
病院	hospital
博物館	museum
寺	temple
神社	Shinto shrine
風車	windmill
史跡	historic site
記念碑	monument
城跡	the ruins of a castle

休み時間　日本の地図にあるもの、なんて言う？

地図記号

橋	bridge
空港	airport
墓地	graveyard churchyard（教会の場合）、cemetery（共同の場合）とも。
灯台	lighthouse
鉱山	mine
油田	oil field
道路	road street（街路），highway（幹線道路）とも。
鉄道	railroad
地下鉄	subway the underground, the tube（ロンドンの地下鉄）とも。

休み時間　日本の地図にあるもの、なんて言う？

地図記号

山頂	▲	mountaintop
針葉樹林	∧	coniferous forest
広葉樹林	○	broad-leaved forest
川	〜	river
温泉	♨	hot spring
茶畑	∴	tea field
桑畑	Y	mulberry field
竹林	⼂	bamboo grove
荒地	ılı	wasteland

さか上がりを英語で言えますか?

下校後
日常生活のいろいろ

壁	中二階
床	塀
天井	押し入れ
敷居	階段
柱	温度
網戸	湿度
雨樋(あまどい)	冷房
ついたて	暖房

下校後　家にあるものいろいろ

wall	mezzanine
floor	wall
ceiling	closet
threshold	**stairs**(屋内の) steps(屋外の) とも。
pillar post とも。	temperature
window screen(窓の) screen door(戸口の) とも。	humidity
gutter(横向きのもの) down spout(縦向きのもの) とも。	air conditioning
screen partition とも。	heating

下校後 家にあるものいろいろ

蛍光灯	延長コード
書棚	安全ピン
食器棚	懐中電灯
体重計	めがね
目ざまし時計	すのこ（台所用のもの）
受話器	熊手
留守番電話	れんが
冷蔵庫	花瓶

fluorescent light fluorescent lamp とも。	**extension cord**
bookshelf	**safety pin**
cupboard sideboard とも。	**flashlight** torch とも。
scale scales とも。	**glasses** eyeglasses, spectacles とも。
alarm clock alarm とも。	**drainboard** draining board とも。
receiver telephone receiver とも。	**rake** bamboo rake とも。
answering machine answerphone とも。	**brick**
refrigerator fridge(おもに家庭用), icebox とも。	**vase**

下校後　家にあるものいろいろ

じょうろ	ぬるま湯
歯磨き	熱湯
歯ブラシ	氷水
練り歯磨き	くし
手洗い	ブラシ
うがい	爪切り
洗面台	耳かき
洗顔	靴べら

watering can	tepid water lukewarm water とも。
toothbrushing	boiling water
toothbrush	ice water iced water とも。
tooth paste	comb
hand washing	brush
gargle	nail clippers nail scissors(ハサミ形の場合)とも。
washbasin sink とも。	earpick
face washing	shoehorn

星座

牡羊座	♈	**Aries**	the Ram とも。
牡牛座	♉	**Taurus**	the Bull とも。
双子座	♊	**Gemini**	the Twins とも。
かに座	♋	**Cancer**	the Crab とも。
獅子座	♌	**Leo**	the Lion とも。
乙女座	♍	**Virgo**	the Virgin とも。
天秤座	♎	**Libra**	the Scales, the Balance とも。
さそり座	♏	**Scorpio**	the Scorpius とも。
射手座	♐	**Sagittarius**	the Archer とも。
山羊座	♑	**Capricornus**	Capricorn, the Goat とも。
水瓶座	♒	**Aquarius**	the Water Bearer とも。
魚座	♓	**Pisces**	the Fishes とも。

休み時間　あなたの星座、なんて言う？

あとがき

　2012年の夏はたくさんの人が熱中症にかかり大騒ぎとなりました。小学生も熱中症にならないように先生や親から厳しく注意されたと思います。
「では、その＜熱中症＞を英語で言えますか?」
　小学生もよく知っているこの言葉を、英語で言えと求められても、すぐには答えられず、考え込んでしまう大人が一杯いました。
　私の小学生時代は、「熱中症」という言葉自体存在していませんでした。使っていたのは、「日射病」です。日陰にいれば日射病にはかからないと教えられたものです。ところが熱中症は、家の中にいても高温だとかかります。
　いまや小学生から大人まで、広く知られるようになったこの「熱中症」と昔みんなが使っていた「日射病」を、ウエブスターやオックスフォードなど世界的に有名な辞書で調べてみましたら、次のようになりました。

　　　　　熱中症　heatstroke　　　日射病　sunstroke

少しおおげさかも知れませんが、このレベルの違いを覚えていただけでも、小学生が知っている言葉を英語にする本書の目的は、半ば達成されたものと考えます。

　小学生が「通学」「授業」「遊び」を通じて目にする日本語を英語でスラスラいえるようになれれば、十分「英語の達人」と呼ばれる資格はあるでしょう。

　本書が1冊の本になるまでには、何千という言葉を英語に直し、その中からさらに言葉を厳選しました。

　本書の構想、編集方針などで、大きなリーダーシップを発揮された株式会社サンリオコンテンツ事業部の伊藤保人氏ならびに、言葉選びでご協力願ったライターの野口久美子氏に心から御礼を申し上げたいと思います。

　また、校正の段階では、フリーランス・ジャーナリストのブライアン・コバート氏、言語学者のグレゴリー・ロー氏、ジャーナリストの野本好男氏、畑英会話スクールの畑文枝氏のご協力に深謝いたします。

2012年10月
守　誠（もり　まこと）

[参考文献]

Webster's New World College Dictionary Fourth Edition, Michael Agnes, Editor-in-Chief, Macmillan, USA, 1999.

The New Oxford Dictionary of English, edited by Judy Pearsall, Clarendon Press, Oxford, 1998.

weblio英和和英(インターネット上)

『研究社 新英和大辞典』(竹林 滋 編者代表 研究社 2002年)

『新編 英和活用大辞典』(市川 繁治郎 編集代表 研究社 1995年)

『小学館ランダムハウス英和大辞典』(小学館ランダムハウス編集委員会 小学館 1989年)

『SHARP電子辞書 Brain PW-A9200 (英和・和英など)』(株)シャープ

『アドバンスト フェイバリット和英辞典』(浅野 博・阿部 一・牧野 勤編 東京書籍 2004年)

『ウィズダム 和英辞典』(小西 友七・岸野 英治・三宅 胖編 三省堂 2009年)

『オーレックス 和英辞典』(野村恵造編 旺文社 2008年)

『フェイバリット英和辞典』(浅野 博・比嘉 正範・緒方 孝文・牧野 勤編 東京書籍 1996年)

『旺文社 和英中辞典』(桃沢 力・堀内 克明・山村 三郎・長谷川 潔編 旺文社 1986年)

『小学館 プログレッシブ 英和中辞典』(国広 哲弥・安井 稔・堀内 克明編 小学館 2000年)

『旺文社 英和中辞典』(高橋 源次・小川 芳男・五島 忠久・平井 正穂監修 旺文社 1992年)

『プロシード英和辞典』(長谷川 潔・小池 生夫・島岡 丘・竹蓋 幸生編 福武書店 1988年)

『ハイトップ英和辞典』(高橋 源次編 旺文社 1987年)

『キッズクラウン 英和・和英辞典』(下薫・三省堂編修所編 三省堂 2004年)

『例解学習国語辞典』(金田一 京助編 小学館 2009年)

『新レインボー小学漢字辞典 』(加納 喜光監修 学習研究社 平成20年)

『これを英語で言えますか?デラックス』(講談社インターナショナル編 2008年)

『大活字版 英語で読む日本史』(編著 講談社インターナショナル 2003年)

『イラスト日本まるごと辞典』(インターナショナル・インターンシッププログラムズ著 講談社インターナショナル(株) 2010年)

『数の英語表現辞典』(橋本 光憲著 小学館 1999年)

『この数字、英語でなんと言う?』(英語と楽しく付き合う会著 (株)中経出版 2002年)

『たったの72パターンでこんなに話せる英会話』(味園 真紀著 明日香出版 2005年)

『英会話・やっぱり・単語』(守 誠著 講談社 1996年)

『英会話 とっさの1語』(守 誠著 青春出版社 2012年)

著者略歴

守 誠（もり まこと）

名古屋市立大学特任教授。
1933年生まれ。慶應義塾大学経済学部卒業。
総合商社に32年間勤務（その間、モスクワ駐在4年）後、中途退職。
愛知学院大学、同大学院などで教鞭（通商政策、知的財産権）をとり現職に。
英語関連書として、『英会話・やっぱり・単語』をはじめとする講談社文庫英語シリーズは、シリーズ累計100万部を超えている。また、『読めますか？小学校で習った漢字』（サンリオ）は50万部突破のベストセラーになった。
著書は他に『世界旅行自由自在60歳からの英会話入門』（講談社）、『「3語脳」英単語記憶法』（幻冬舎）、『日本一覚えやすい大きい文字の英単語』（中経出版）、『英会話とっさの1語！』（青春出版社）など多数。

小学校で習った言葉 さか上がりを英語で言えますか？

初 版	2012年11月10日
19 刷	2015年 3月10日

著 者　守 誠
発行人　辻 信太郎
発行所　株式会社サンリオ

〒141-8603　東京都品川区大崎1-11-1
電話（営業）03-3779-8101
　　（編集）03-3779-8099
印刷製本　図書印刷株式会社

デザイン協力　有限会社 フォルテ：今関 正隆・森 由紀子・藤田 沙織
　　　　　　　表紙イラスト：菊池 潤（Studio Junks）
編集協力　野口 久美子

Printed in Japan
©2012 Makoto Mori
ISBN978-4-387-12048-3
乱丁・落丁本は小社企画営業本部出版課までご送付ください。
送料は小社負担の上お取り替えします。

話題のベストセラー！
『小学校で習った』シリーズ！

定価 本体 476円（税別）

65万部突破！

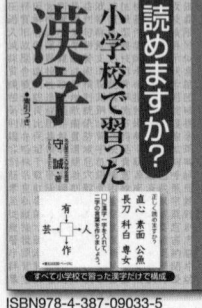

読めますか？
小学校で習った 漢字

名古屋市立大学 特任教授
守 誠

すべて小学校で習った1006字だけで構成

正しく読めますか？
心太　年魚　音呼　天牛　水馬　山茶

ISBN978-4-387-09033-5

ペリーが乗ってきた黒船の名前は？

できますか？
小学校で習った 社会科

制作委員会編

覚えていますか？
地図記号、日本の年号、歴史上の人物・事件など、小学校で習ったのに覚えていない社会科問題

- 元寇を2度防いだ鎌倉幕府の執権はだれ？
- 金閣を建てたのはだれ？　●参議院の議員数は？

ISBN978-4-387-12038-4